Walter Häge

Die sieben Gesetze vom Glücklichsein

oder:
Mit dem Universum im Einklang leben

GEOBIONIC/ARGO

Die Deutsche Bibliothek – CIP-Einheitsaufnahme

Häge, Walter:
Die sieben Gesetze vom Glücklichsein
oder:
Mit dem Universum im Einklang leben

ISBN: 3-928426-06-0

GEOBIONIC/ARGO
2000

Herstellung: Libri Books on Demand
Umschlaggestaltung: VPP-Verlag

Preis DM 12,00

Inhaltsverzeichnis

Wer vom Ziel nichts weiß,
kann den Weg nicht haben,
wird im selben Kreis,
all sein Leben traben;
kommt am Ende hin,
wo er hergerückt,
hat der Menge Sinn,
nur noch mehr zerstückt.

Christian Morgenstern

Für Marieke

Vorwort

Mit diesem Büchlein hat es eine seltsame Bewandtnis. Ich habe mich hingesetzt und es in drei Tagen geschrieben, ohne ein Konzept, ohne nachzudenken, ohne mich darauf vorzubereiten. Ich habe mich weder angestrengt noch irgend etwas dazu geleistet, dass es so wird wie es ist. Ich saß an meinem Schreibtisch und habe geschrieben. Dazwischen habe ich notwendigerweise geschlafen und weiter ging es. Im Traum, dazwischen, sind mir etliche Leute begegnet: Der Physiker Dr. Burkhard Heim, dessen zwölfdimensionales Bild von der Welt sich in Kreisen um mich drehte, der Krebsforscher Prof. Dr. Popp, dessen Biophotonen mich umschwirrten, der Psychoanalytiker Dr. Gerhard Schroth, dessen wissendes Grinsen mich erregte. Ein ganzer Reigen von Menschen umgab mich und alle lachten und sagten: „Schreibe, Junge!".

Beim 7. Gesetz wurde es mir schwer ums Herz: Ich spürte, was ich hier beschreibe ist „beten". Ich konnte es kaum fassen: Ich, der ehemals eingefleischte Materialist schreibe von so etwas Unaussprechlichem.

Und dann spürte ich: Das in Physikerkreisen bestens bekannte Quantenfeld, das morphogenetische Feld, ist nicht anderes als der Atem Gottes. - Mein Gott!

Der Weg

Die Kommunikation mit der Ewigen Energie, dem allumfassenden Geist, dessen, was unzählige Namen hat und keinen, jene unvorstellbare lenkende Kraft, welche nicht nur die Christen „Gott" nennen, ist demjenigen möglich, der sich öffnen kann, der die Haut des beengten „Ichs" verlässt und den Versuch macht, sich einzufügen in das, was wir Universum nennen.
Unser blauer Planet und alle auf ihm lebenden Wesen sind lebendige Formen jenes Geistes, der alles - was ist und was nicht ist – mit einschließt.
Wenn wir uns abwenden von dem Krebsgeschwulst Gier, auch in allen seinen versteckten Formen, wenn wir beginnen, die Angst vor dem Tod zu verlieren, wenn wir unter keinem wie auch immer gearteten Dogma stehen, dann wirkt jene große Kraft schon in uns, von der jeder ein kleiner Teil ist.
Selbst für aufrichtige Kirchenchristen mag dies kein schwerer Weg sein, wenn sie sich mit der Gnosis oder Meister Eckehart beschäftigen oder einfach alle Angst vor einem strafenden Gott und die Vorstellung von einer Hölle, die außerhalb uns selbst besteht, fallen lassen.
Wie heißen nun jene sieben Gesetze vom Glücklichsein - und wie kann ich meine Person einbringen?

1. Gesetz: Jeder ist ein Teil des universellen Geistes

Unser oberstes Ziel soll sein, mit dem Universum im Einklang zu leben. Jeder von uns, jedes Sandkorn, jedes Fröschlein, jeder Mensch existiert nicht für sich selbst. Jeder ist mit allem verbunden. Alle, von denen wir meinen, sie seinen einzelne Wesen, sind Teile des Ganzen. Die Abgrenzung von: *Hier „Materie" und da „leerer Raum"* ist eine menschliche Illusion! Das Ganze, die göttliche Kraft, der universelle Geist, verursacht das Leben. Ohne jene Energie, die auf uns trifft, die über die Chakren in unseren Körper geleitet wird, könnten wir materiell überhaupt nicht existieren.
In dieser Energie des Lebens gelangen die notwendigen Informationen zu uns.
In ständigem Informationsfluss sind wir mit dem universellen Geist verbunden. Alle unsere Gedanken sind Gedanken jenes universellen Feldes, in das wir eingetaucht sind. Jeder Gedanke, den wir denken, ist Teil jenes unermesslichen Gedankenspeichers.
So sind wir alle ein Teil jener unvorstellbaren universellen Kraft.
Es gibt für uns keine Umwelt. Jeder ist mit allem verbunden. Alle Teile jener göttlichen Kraft sind Schwestern und Brüder.
Wir leben in einer materiellen Welt, die der universelle Geist geschaffen hat. Seit Urzeiten steuert dieser Geist das Wachstum, von der einzelnen Zelle bis hin zum Menschen, die bis

heute größte dreidimensionale Bewusstseinsstruktur.
Das Manifeste, die Materie, das Leben: Höhepunkte des Nicht-Manifesten, des ewig fließenden, der ewigen Energie.
In dem Maße, wie wir diese Kraft als real erkennen, nimmt unsere eigene, persönliche Kraft zu. Die Körperzellen füllen sich mit Licht, dehnen sich in hohem Maße aus und ziehen sich wieder zusammen. Das Prinzip des Lebens pulst durch alle Zellformationen und die Chemie des Körpers trägt die Botschaft weiter, dass dieses Lebewesen die Zusammenhänge des Universums erkannt hat und mit ihm in Einklang leben möchte.
Wenn sich unser Bewusstsein erweitert, erfahren dies die Körperzellen, insbesondere jene 10 Millionen, die sich in jeder Sekunde unseres Lebens neu bilden. Bald spüren wir die Gesundung des Geistes und als Folge die Gesundung des Körpers.
Wer mit dem Universum im Einklang lebt, dem gesundet die Seele. Wie schwer muss diese meist tragen, hat sich doch in den Lebensjahren viel Schutt angesammelt! Die Last wurde langsam größer und größer, schwerer und schwerer.
Beginnen wir im Einklang mit dem Universum zu leben, dann wird jene Last immer leichter, bis sie sich ganz auflöst. Und als Folge verschwinden auch die körperlichen Gebrechen. Dies ist ein Gesetz des Universums, das immer und überall Gültigkeit hat.

Die Anwendung des ersten Gesetzes:

- Ich schalte grundsätzlich alle sinnlosen Lärmquellen wie Fernseher oder Radio usw. aus, die sich wie ein Filter über mich legen.

- Ich verschaffe mir zwei Mal am Tag je 30 Minuten möglichst absolute Stille, in der ich in angenehmer Atmosphäre nur dasitze und in mich hineinhöre. Ich schließe die Augen und beobachte mich selbst. Da wir immer nur *einen* Gedanken denken können, ergibt sich eine geradlinige Reihenfolge – Gedanke reiht sich an Gedanke. Ich stelle mich nun im Geiste neben mich und betrachte mich wie mit einem dritten Auge, um die ankommenden Gedanken beobachten zu können. Ich identifiziere sie und werde feststellen, dass die meisten auf irgend eine Art unnötig oder schädlich sind. Jeden ankommenden Gedanken, der dem Einklang mit dem Universum zuwiderläuft, schicke ich weg. In der ersten Übungszeit werde ich fast alle Gedanken wegschicken müssen, dann werden es immer weniger. Unheilvolle Gedanken verschwinden sofort, wenn ich sie anspreche und benenne. Sind sie erkannt, verlieren sie augenblicklich ihre negative Kraft. Ich denke nur, was ich denken will! Das Übungsziel, in dieser bestimmten Zeit möglichst wenig zu denken, ist ein Reinigungsprogramm, ein Reinigungsprogramm, das die Seele aufatmen lässt. Es ist eine unglaubliche Befreiung und Erleichterung, wenn es gelingt – und sei es nur für Augenblicke – das zu denken was ich wirklich will. So trete ich mehr und mehr mit mir selbst in Kontakt und damit mit dem universellen Feld, von dem ich ein Teil bin.

- Ich übe inneres Beobachten meiner äußeren Person, während meiner ganz normalen Tätigkeiten. Wenn ein Handlungsablauf um ist, zum Beispiel eine Diskussion mit dem Partner, eine geschäftliche Besprechung usw., dann kann ich die Szenen noch einmal zurückholen und mich selbst über mein Verhalten befragen: „Warum habe so und nicht anders reagiert?“ „Warum habe ich hier gelacht?“ „Warum habe ich da geschwiegen?“

- Was auch am Tag passiert, ich werde die Schuld an einem Geschehen keinem anderen Menschen zuweisen. Ich werde aufhören Schuldige zu suchen, um mich über diese zu erregen. Ich werde aufhören mich einzumischen und aufhören mit den Versuchen, andere mit Wortargumenten zu überzeugen.

- Ich werde zu starke Gefühle, seien sie negativer wie positiver Art erkennen und identifizieren, um sie dann loszulassen.

Ich werde mich nicht von ihnen zu Emotionen treiben lassen.

- Ich will auf meinem Weg nichts erreichen oder gewinnen. Ich will versuchen loszulassen: Unheilvolle Gedanken, unheilvolle Ideen, unheilvolle Glaubensmuster und Gewohnheiten. Ich werde mein Ego reduzieren, um den universellen Geist in mir wieder zu finden.

- Ich weiß, was immer geschieht, es hat auch ein Ende. Was auch immer ist, es ist vergänglich. Alles wandelt sich ununterbrochen, ist ein Fluss, in welchem wir unsere Erdenzeit lang mitfließen. Ich leiste keinen Widerstand gegen das ewige Gesetz des Fließens, des Kommens und Gehens, ich nehme die Dinge, die ich nicht ändern kann an wie sie sind. Indem ich den Widerstand gegen das Unabänderliche aufgebe, gelangt Sicherheit in mein Herz, Ruhe und Frieden.

- Ich entwickele Mitgefühl mit allen anderen Wesen. Ich empfinde und fühle mit ihnen. Ich weiß, dass ich nur Mitgefühl entwickeln kann, wenn meine Angst weniger wird, wenn ich meine Vorurteile abbauen kann. Ich weiß, das ich andere Wesen nur lieben kann, wenn ich mich selber liebe. Ich entwickle Mitgefühl mit mir selbst. Ich stelle fest, dass es mich gibt und dass es gut ist, wie ich bin. Ich nehme mein eingebildetes, aufgesetztes, wichtigtuerisches Ich zurück und suche den in mir, der ich tatsächlich bin. Dieses Pflänzchen „Ich bin“ hege und pflege ich. Ich beginne, Mitgefühl mit mir selbst zu fühlen. Ich freue mich, wenn es anderen gut geht. Neid, Scheinheiligkeit und Heuchelei lege ich ab. Alle diese negativen Gedanken schädigen meinen Frieden. Ich versehe jeden solchen Gedanken, wenn er kommt, mit dem Etikett „schädlich“ und lasse ihn verschwinden.

- Ich überwinde Zorn, Hass und Übelwollen. Die Welt, das sind nur wir selbst. Solange wir nicht den Frieden in uns selbst finden, finden wir ihn nirgends. Niemals zählt für uns, was andere Menschen tun und lassen. Wichtig ist nur das eigene Verhalten, das eigene Tun. Ich weiß, dass es nur einen einzigen Frieden gibt, das ist mein eigener. Ihn kann ich auf meine Umgebung ausdehnen und Hass und Zorn überwinden. Ich füge niemandem Schmerz zu, nur weil mir selbst Schmerz zugefügt wurde, ich füge auch mir selbst keinen Schmerz zu.

- Ich weiß, dass es nicht gilt, die Welt zu verändern. Ich kann nur eines ändern: Mich selbst.

- Ich versuche im Augenblick, im „Jetzt“ zu leben. Ich kämpfe gegen jede Art Trägheit des Geistes und versuche hellwach zu sein. Ich sehe alle Vorgänge um mich herum klar und deutlich, werde aber nichts verurteilen oder beurteilen. Ich weiß, dass es sehr schwer ist, anderer Leute Handeln nicht zu beurteilen; ich werde es aber trotzdem täglich versuchen.

- Ich weiß, dass ich mich auf mich selbst verlassen kann. Nicht nur, dass ich mich liebe, ich verlasse mich auch auf meine Intuition. Ich selbst habe den Maßstab für gut und böse in mir. Um Entscheidungen zu treffen, muss ich nur in mich selbst hören. Diese innere Stimme ist wichtiger als alles andere zusammen, das die Menschen sagen. Wenn ich mich nicht finde, muss ich auf die Suche gehen und alles wegräumen, was sich über mich und um mich gelegt hat.

2. Gesetz:
Jeder muss das weitergeben, was er selbst sucht: Liebe und Glück.

Ich weiß, dass eine treibende Kraft des Lebens die Suche nach dem Glück ist. Da es dieses in der Ferne nicht gibt, will ich es bei mir selbst suchen.
Glück, das sind auf der ersten Ebene positive Sinneskontakte, die man nicht festhalten kann. Ich genieße sie, wenn sie kommen und lasse sie ohne Trauer wieder ziehen, da ein beständiges Glücklichsein der Sinne nicht möglich ist.
Unglück kommt und geht, Glück nicht. Glücklichsein auf der zweiten Ebene ist einfach da. Einmal mehr, einmal weniger. Glücklichsein schwingt wie alles andere auch. Es gibt oben und unten, aber dieses Glücklichsein ist etwas Bleibendes.
Glücklich sein kann man dann, wenn man das Leben erkennt wie es wirklich ist. Das Leben im Sandkorn wie im Grashalm, im Tier wie im Menschen. Alles ist wie es ist. Alles ist gut wie es ist. Alles ist mit allem verbunden. Wir sind alle Kinder der Sonne. Jeder nur ein wenig anders. Wir essen Sonne, wir trinken Sonne, wir sind Sonne. Und weil wir alle Schwestern und Brüder sind, haben wir keine Angst voreinander und können das Glück des Lebens in uns hineinschwingen lassen.
Glück ist auch etwas, das ich von anderen empfange. Ich empfange das, was ich ausstrahle.

Die Anwendung des zweiten Gesetzes:

Ich weiß, dass Liebe und Glück zu mir zurückfließt,

- **wenn ich mich in Friedfertigkeit übe.** Diese hat nichts mit Trägheit oder Ängstlichkeit zu tun und ich weiß, dass sie kein Geschenk ist; sie muss in bewusstem Bemühen erworben werden!

- **wenn ich aufrecht durch die Welt gehe.** Ich werde nichts und niemanden zu meinem Vorteil manipulieren. Ich strebe absolute Ehrlichkeit an, wobei ich vermeiden will, mit unachtsamer Offenheit andere zu verletzen.

- **wenn ich geradlinig durch die Welt gehe.** Ich werde mich ohne Schmeicheleien und ohne Schönfärberei unter den Menschen bewegen.

- **wenn ich nicht hochmütig bin.** Ich weiß, dass Hochmut den Geist starr und hart macht. Hochmut produziert ein irreales Überlegenheitsgefühl, einen Unsinn, den man selbst inszeniert.

- **wenn ich leicht anzusprechen bin.** Ich weiß, dass ich Mitgefühl entwickeln muss, um für die Menschen meiner Umgebung leicht ansprechbar zu sein. Mitfühlen heißt das Leid der anderen nicht nur zu wissen, sondern fühlend zu erkennen. Wer mitfühlt kann auch zuhören.

- **wenn ich zufrieden bin.** Ich weiß, dass „zufrieden sein" in hohem Maße Entspannung bedeutet. Wenn wir alles im Leben als Kommen und Gehen akzeptieren, das heißt auch jede gegebene Situation, dann schwindet die Verkrampfung in Seele und Körper. Ich verändere mit Macht, was ich verändern kann - mich - und akzeptiere das Unveränderbare. Ich weiß, dass innere Zufriedenheit nicht das Geringste mit Selbstgefälligkeit zu tun hat.

- **wenn ich leicht zufriedenzustellen bin.** Begehrlichkeit schmerzt, weil wir irrtümlich meinen, es würde uns etwas fehlen, weil wir irrtümlich meinen, wir müssten bestimmte Dinge im Leben erzwingen. Ständige Aktionen, ständige Betriebsamkeit, um etwas zu tun oder etwas haben zu wollen, verhindern das letztendlich Gesuchte: Liebe und Glück.

- **wenn ich genügsam bin.** Ich habe Respekt vor den Leistungen anderer Menschen, gleich an welcher Stelle in der Gesellschaft sie stehen. Aus dem Kreislauf des „Guten - Besseren - noch Besseren" klinke ich mich aus. Ich besorge mir in allen Lebensbereichen das, was ich tatsächlich benötige, auch wenn dies möglicherweise mit Anstrengungen verbunden ist.

- **wenn ich nicht anmaßend bin.** Ich weiß, dass ich gute Fähigkeiten habe. Dies muss ich anderen Menschen nicht zeigen. Sie merken es schon alleine. Wenn ich selbstsicher und angstfrei lebe, kann ich auf jeden Darstellungsversuch verzichten.

Ich schenke täglich jedem Menschen mit dem ich zu tun habe etwas:

Ich höre zu, bin nicht anmaßend und hochmütig, zeige mich zufrieden, habe Zeit und lasse mein Mitgefühl spüren. Ich schenke Gedanken, Körpersignale und ein offenes Herz. Dankbar empfange ich, was mir das Leben schenkt.
Ich akzeptiere Gegebenheiten, freue mich an allen Äußerungen des Lebendigen, genieße Sonne, Wind und Regen und lasse mich vertrauensvoll in den Lauf des Lebens fallen.
Zwischen all den Menschen, mit denen ich zu tun habe und mir entsteht dadurch ein Kreislauf, in welchem das Negative zurückweichen muss. Jedem Wesen das mir begegnet wünsche ich Glück und Freude in seiner Zeit hier auf diesem Planeten.

3. Gesetz:
Jeder muss Achtsamkeit und reines Beobachten üben.

Tagtäglich sind wir in dauernde Handlungen verstrickt. Aktion und Reaktion, *das* tun und *jenes* tun geben sich meist unaufhörlich die Hand. Vom Aufstehen bis zum späten Abend dreht sich oft alles um „machen"; Sorge, Planung und Durchführung bestimmen unseren Handlungsablauf. „Achtsamkeit" oder „reines Beobachten" wie dieses dritte Gesetz auch genannt werden kann, stoppt diesen Handlungsablauf nicht, es schafft aber das klare Wissen und das Verständnis dessen, was jetzt im Moment geschieht. Es ist das Wissen um die *Absicht* dessen, was wir denken, fühlen und tun. Reines Beobachten führt mich zur Motivation meines Tuns: Ich muss nur klar schauen, hören und sehen können! Achtsamkeit macht uns entscheidungsfähig. Ich sehe mit ihr die tatsächliche Wirklichkeit, nicht die, welche ich mir erhoffe, oder die, welche ich mir erträume.

Eigentlich brauchen wir nichts besonderes zu tun, um dieses Lebensgesetz anzuwenden: Wir müssen nur beobachten und das unheilsame Denken und Handeln in heilsames verwandeln. So einfach ist das.

Aber wie viele einfache Erkenntnisse ist die Umsetzung harte Arbeit. Aber sie lohnt sich!

Anwendung des dritten Gesetzes.

- Ob ich meinen Körper beobachte, meine Gefühle, meine gedanklichen Vorstellungen, meine Bewusstseinsinhalte oder meine ausgeführten Handlungen, das Vorgehensprinzip ist immer das gleiche: Ich richte meine Augen, meine Gedanken oder mein inneres Auge rein aufnehmend auf das, was ich beobachten möchte. Grundsätzlich bewerte ich nichts, was geschieht! Ich bewerte nicht mit dem Gefühl, ich bewerte nicht mit dem Verstand, ich nehme gedanklich keine Stellung zu dem Geschehen und ich greife nicht durch Handeln ein.

- Ich stelle fest was geschieht und wie es geschieht, ich höre was ich höre, ich empfinde was ich empfinde, ich erkenne was ich erkenne. Ich beobachte und verändere nichts, ich bewerte nichts, ich greife nicht ein. Alles bleibt wie es geschieht, ohne direkten Kontakt zu mir. Die Dinge, die geschehen, sprechen selbst, sie sprechen sich selbst aus. Sie dürfen gänzlich ausreden, ohne vorschnell durch mein Urteil gebremst oder bewertet zu werden. Gewohnheitsmäßiges Urteilen verändert die Dinge, verfälscht sie so, dass sie zu meinen Vorstellungen passen oder nicht. Die Dinge, die geschehen, haben mir vielleicht etwas Neues zu sagen! Diese neuen Erkenntnisse werden verschüttet, wenn ich das, was geschieht, in eine meiner altbewährten Meinungs-Schubladen stecke.

- Mit der Ausweitung dieser Übung bemerke ich, dass meine eigenen Entscheidungen eine längere Frist bekommen – der Handlungsimpuls verzögert sich. Voreiligkeiten in Wort und Tat können so verhindert werden, Überlegung und Selbstkontrolle gewinnen an Raum. Ich frage mich, ob in dieser Situation überhaupt eine Aktivität von meiner Seite aus notwendig ist. Muss ich tatsächlich eingreifen? Muss ich wirklich einen Kommentar dazu abgeben? Muss ich mich überhaupt einmischen?

- Wie auf einem Ausguck stehend lebe ich jetzt, heute und ganz und gar bewusst. Mit klarem Blick in die Gegenwart schauend, lasse ich die Dinge aus der Zukunft auf mich zukommen, spüre wie sie Gegenwart werden und sehe sie in die Vergangenheit weiterziehen. Ich erlebe, wie alle Vorgänge, seien sie körperlicher oder geistiger Art, kommen und gehen. Alles, auch jeder Impuls, jeder Gedanke, wird geboren, ist eine Zeit da und stirbt. Alles wandelt sich, verwandelt sich, ist vergänglich. Ich sehe die Beschaffenheit der Welt, zu der ich gehöre und ich spüre das Leben nur in seiner dauernden Veränderung. Ich erlebe, dass ich nichts, aber auch nichts festhalten kann. Selbst mein Geist kann nur etwas *erkennen*, nichts festhalten.

- Im Erkennen des ewig Wandelbaren erlebe ich Freiheit in der Gegenwart, im jetzigen Augenblick. Das reine Beobachten schafft innere Ordnung. Erstickte Gefühle bekommen wieder Luft zum Atmen, falsche Vorstellungen von der Welt verringern sich, ich kann meinen Platz als Mittelpunkt des Weltgeschehens räumen. Die geistige Sehschärfe sieht plötzlich den Schutt auf meinem Bewusstsein, der verschwindet, in dem Maße wie ich ihn erkenne.

Immer wieder richte ich meine Achtsamkeit auf meinen Körper:

- Wenn ich nervös werde, wenn ich nicht einschlafen oder durchschlafen kann, hole ich mir meinen Atem zu Hilfe. Ich atme tief ein, bis es weiter nicht geht, spüre wie die Bauchdecke sich spannt, der Brustkorb sich hebt und der ganze Körper verharrt, bis mit einem Schlag das Ausatmen beginnt. Bauch und Brustkorb ziehen sich zusammen, schrumpfen, bis ich mich gänzlich leer fühle. Ich verharre, leergepumpt, bis jener Vorgang des Lebens neu beginnt:

Ausdehnen - verharren, zusammenziehen – verharren. Geboren werden, die ganze Fülle des Lebens genießen, dann schwinden und vergehen. Es ist der Pulsschlag des Universums, die Lebensgrundlage alles dessen was ist, vom Einzeller bis zur Galaxis. So wie ich meinen Atem beobachte, meinem Herzen beim Schlagen und meinem Blut beim Fließen zuhöre, meine Bauchdecke oder meinen Brustkorb beim Heben und Senken begleite, so beobachte ich auch meine Körperhaltungen: Beim Gehen, beim Sitzen und beim Liegen.

- Ich weiß, dass mein Körper durch seine Haltung zu mir und zu den Menschen spricht, die mich umgeben. Was hat er zu sagen? Erkenne ich die Angst in seinen Zellen? Drückt mein Körper Hochmut aus? Mutlosigkeit? Hilflose Aggression?

Immer wieder richte ich meine Achtsamkeit auf meine Gefühle:

- Ich weiß, dass Gefühle übermächtig werden können. Sie manifestieren sich als angenehme Erscheinungen, die man leicht mit Liebe verwechseln kann oder als unangenehme Erscheinungen, deren tiefe Verursachung Hass in all seinen feinen Ausprägungen sein kann. Gefühle verursachen Verkettungen, Verstrickungen, schaffen unabänderlich erscheinende Lebenssituationen. Beobachten wir jedes Gefühl, wie schon bei den Gedanken geübt, beim Entstehen. Ich spüre, wie das Gefühl hochsteigt. Indem ich es benenne, gelingt es den Weiterfluss zu verzögern. Auch hemme ich damit die Körperreaktionen, die immer bei aufsteigenden Gefühlen einsetzen. Das Etikett „angenehm" oder „unangenehm" verzögert also das Übergreifen auf die Ebene des Körpers. Ich gewinne somit ganz wertvolle Sekunden, in denen ich fragen kann: „Dient dieses ankommende Gefühl meiner seelischen Stärkung oder meiner Schwächung? Stützt oder vergrößert es gar mein eingebildetes Ego? Schüttet es Entrüstung über mich? Entrüstung über andere Menschen oder Dinge? Ist jenes Gefühl mit Schuldzuweisungen bepackt? Verhindert jenes Gefühl, meine eigenen Unzulänglichkeit zu erkennen? Muss ich mein zu geringes Selbstwertgefühl emotional stützen, um Rechenschaft über die eigenen Schwächen zu vermeiden? Verhindert das aufkommende Gefühl, dass ich eine Sache einmal anders beurteile wie immer? Macht mich das Gefühl selbstgerecht, sodass ich mich leicht über die Gefühle anderer hinwegsetzen kann, ja, dass ich sie überhaupt nicht wahrnehme?

Im Feststellen des reinen Sachverhaltes sehe ich die Schwäche der Gefühlsaufwallungen, die Subjektivität aller Bewertungen. Warum sollte ich einen anderen Menschen emotional beurteilen?
Warum sollte ein anderer Mensch die gleiche Sicht der Welt haben wie ich? Was bringt mich dazu zu meinen, die Welt wäre so wie *ich* sie sehe?
Das kurze Innehalten und Bewerten nimmt den negativen Gefühlen ihre destruktive Macht und den positiven ihren Überschwang. Es verhindert aufkommende Verspannungen. Der Körper dankt es: Der Blutdruck muss nicht steigen, das Herz nicht rasen, Adrenalin wird nicht unnötigerweise erzeugt und Blutfette müssen sich nicht erhöhen!

Immer wieder richte ich meine Achtsamkeit auf mein Bewusstsein insgesamt:

- Ist mir klar, dass das menschliche Leben vergänglich ist, dass das Leid zum Leben gehört und das Ego eine Konstruktion gegen die Angst ist? Weiß ich, dass jedes übersteigerte „Ich" genau so ein Grundirrtum ist wie das „Mein"? Weiß ich, dass nichts, aber auch nichts *mir* gehört, dass alles was ich habe lediglich ein Geschenk auf Zeit ist? Selbst der Körper, jenes wunderbare Ausdrucks- und Bewegungsmittel ist nicht mein. Weiß ich, dass jedes Horten und über-

> mäßiges Anhäufen lediglich ein untauglicher Feldzug gegen die Angst ist, eine Strategie gegen den Tod? Weiß ich, dass ich ein Wesen bin das schwingt und fließt und dessen einziges Eigentum sein bewusstes Erkennen ist, seine Verbindung hin zum alles umfassenden Geist des Universums? Weiß ich, dass alle Wesen auf dieser Erde meine Brüder und Schwestern sind, die ich weder unterdrücken, noch ausbeuten, noch quälen darf?

Achtsamkeit und reines Beobachten festigt mich, damit ich *nein* sagen kann, wenn alle Welt ja sagt, dass ich *ja* sagen kann, wenn alle Welt nein sagt. Achtsamkeit festigt mich, dass ich die Konfrontation mit dem Negativen dieser Welt nicht nur aushalte: Ich sehe in allem, was da auf mich einstürmt, was mich zu manipulieren versucht, was mir eine falsche Realität vorgaukelt, das oft grenzenlose Leid, dem ich mit Ruhe, Festigkeit und echtem Mitgefühl begegnen kann.

4. Gesetz: Mit der Akzeptanz beginnt die Angstbefreiung

Um mich mit dem Universum in Einklang zu bringen, muss ich grundsätzliche Missschwingungen, die von mir ausgehen, beseitigen. Ich muss Grundlegendes akzeptieren: Meine Person, meine Herkunft in der Familie, meine Bildung, meinen Beruf und die gesellschaftliche Stellung.
Ich muss Vater und Mutter akzeptieren, so wie sie sind oder waren und ich muss Frieden schließen mit allem was da ist: Mit den Menschen, mit den Ereignissen, mit der Vergangenheit, mit den Lebensumständen.
Akzeptanz heißt den irrationalen und unsinnigen Kampf gegen sich selbst und/oder gegen den Rest der Welt aufgeben. Ich löse mich von Wunschvorstellungen, von Tagträumen über bessere Zeiten, ich löse mich von Trugbildern, die mir vorgaukeln, dass etwas besser wäre wenn... .
Ich habe einen ungetrübten Blick und sehe klar. Ich weiß um die Schwierigkeit, liebevoll gehegte irreale Vorstellungen zu lassen. Klar zu sehen ist nicht nur schwer, oft tut es auch weh.
Ich weiß, dass es uns Menschen meist nicht daran gelegen ist, eine Sache wirklich *so* zu verstehen, wie sie ist. Uns liegt eher daran, eine Sache so zu biegen, dass sie wird wie wir sie uns wünschen.

Ich weiß, dass ich alle Dinge so sehen muss wie sie sind. Ich darf keinen Bezug zu ihnen herstellen, in denen mein Ego im Vordergrund steht.

Das Anwenden des 4. Gesetzes:

- Ich weiß, dass Vater und Mutter so zu mir waren, wie sie es selbst nicht besser vermochten. Sie waren ebenfalls einmal Kinder, waren jung, haben mich gezeugt und bekommen und mich nach bestem eigenen Können seelisch und körperlich versorgt. Ich weiß, dass meine Eltern verstrickt sind oder waren in ihr eigenes Lebensgeschehen, so wie ich in meines verstrickt bin und ich sehe ihr Leid. Ich akzeptiere mich als Tochter oder Sohn, so wie meine Eltern, Großeltern, Uhrgroßeltern und alle meine Vorfahren Söhne und Töchter waren.

- Ich akzeptiere die Lebensumstände, in die ich hineingeboren wurde, das Leid meiner Kindheit, die Not meiner kindlichen Seele und das Unvermögen der Erwachsenen, diese Not zu sehen und zu beheben.

- Ich sehe, dass ich in der Schule nur das leisten konnte, was ich dann auch geleistet habe. Ich akzeptiere, dass ich heute an *diesem* Platz stehe und *diese*

Arbeit oder *diese* Verpflichtungen habe. Alles ist so gekommen, weil es so und nicht anders kommen konnte, sollte und musste. Ich akzeptiere diese meine Realität, eben weil sie die einzige ist, welche von den unendlich vielen Möglichkeiten zur tatsächlichen Realität geworden ist. Warum sollte ich einer anderen Wirklichkeit nachtrauern? Sie war nicht möglich und nicht vorgesehen, sonst wäre *sie* eingetreten.

- Ich übernehme ab sofort die volle Verantwortung für mich selbst, für mein Leben, für meine Beziehungen zu anderen Menschen, Lebewesen oder Dingen. Ich übernehme die Verantwortung für alle Aspekte meines Lebens, die heute so sind wie sie sind: Ich identifiziere alle Wunschvorstellungen, Träume, Hoffnungen als irreal und schicke sie fort!

- Wenn diese neue Akzeptanz gewollt und geübt wird, kann ich daran gehen, das zu verändern, was ich verändern kann, verändern soll, verändern muss. Möglichst befreit von Illusionen und irrealen Vorstellungen kann ich mit wachem Geist daran gehen, ungesunde Sachverhalte zu beheben.

- Zur Erkenntnis der Wirklichkeit brauche ich einen besonders klaren, möglichst durch nichts getrübten Blick! Diesen kann ich nicht haben, wenn ich Drogen konsumiere, die meinen Geist umnebeln. Ich weiß, dass nicht nur Pharmaka (auch ärztlich verschriebene) oder Alkohol Drogen sind. Auch Arbeit kann zur Droge des Vergessen-Wollens werden.

Ich weiß, dass ich frei werde, wenn ich mich und meine Lebensrolle bis zu diesem Augenblick akzeptiere. Spannungen lösen sich, Zorn, Gier, Hass und Verblendungen aller Art, versteckt unter welchem Deckmantel auch immer, verschwinden.
Versöhnung entspannt und macht froh: Wenn ich weiß, dass ich kein anderer sein kann als der, der ich jetzt bin - aufs Tüpfelchen genau - dann muss ich mich auch nicht mehr verstellen. Ich bin frei, kann frei atmen, frei denken, frei handeln.
Die Angst vor der Freiheit, weit, weit verbreitet und tief verwurzelt, entschwindet mit allen anderen irrealen Ängsten.
Ich weiß, dass ich jenes Versteck finde, in welches ich die Angst vor der Freiheit gesteckt habe und genieße mit ihrem Verschwinden eine nie gekannte Lust zu leben.

Ich besiege meine Angst!

- Ich besiege die Angst, aus der Geborgenheit der Gesellschaft herauszufallen, isoliert zu werden und somit einsam und alleine da zu stehen. Ich besiege die

Angst vor Verlust, kann mich durchsetzen und nehme nicht mehr alles hin. Mit der Annahme der Verantwortung über mich bin ich erwachsen geworden und kein Objekt mehr für andere. Ich fühle mich nicht mehr schuldig, wenn ich jetzt an meine Bedürfnisse zuerst denke und ich verjage alle sich anschleichenden Depressionen.

- Ich besiege meine Angst, die sich in der Distanz zu anderen Menschen ausdrückt. Ich verringere meinen Abstand zu ihnen, ich lasse sie mir nahe kommen. Ich lerne, dass menschliche Nähe und Zuwendung etwas Wunderbares sein kann. Ich besiege meine Angst, durch Nähe in Abhängigkeiten geraten zu können und gebe meine selbst gewählte Isolation auf. Ich weiß, dass mir Gefühle fehlen und suche sie deshalb. Ich bin mutig und versuche zu teilen und zu geben. Ich besiege meinen Spott, meinen Zynismus und das ewige Besserwissen. Stattdessen trainiere ich meine zu kurz gekommenen Gefühle und bin glücklich darüber, mich öffnen zu können.

- Ich besiege die Angst über mein kurzes Dasein, über den Tod, über die Vergänglichkeit. Ich lebe nicht mehr so, als würde ich auf diesem Planeten ewig leben können. Ich nehme zur Kenntnis, dass alles vergänglich ist, dass nichts bleiben wird und ich lasse diese Vergänglichkeit des Lebens zu.

- Ich bin offen für Neues und versuche, nicht immer meinen Willen durchzusetzen. Ich will nicht mehr alles im „Griff" haben und lasse auch mal „fünf gerade sein", ohne mich zu erregen. Ich akzeptiere, dass Dinge auch ohne mein Zutun funktionieren. Ich versuche meine Gewohnheiten einmal zu durchbrechen und mache etwas gänzlich anderes! Auch meine Grundsätze, meine Lebensregeln, meine Glaubensvorstellungen überprüfe ich dahingehend, ob sie tatsächlich aus mir selbst kommen. Ich versuche mich in das Schwingen des Lebens fallen zu lassen, ohne Rückversicherung, ohne vorausgeplante Sicherheit.

- Ich besiege die Angst, ständig eingeengt zu werden, weil ich weiß, dass es grenzenlose Freiheit nicht geben kann. Als soziales Wesen muss ich Regeln akzeptieren und kann nicht immer alles zu verändern suchen. Ich lerne, dass Beständigkeit und Verlässlichkeit wichtige Lebensfaktoren sind. Wenn mir verbindliches Handeln schwerfällt, dann arbeite ich daran. Ich halte die Spannung aus, die entsteht, wenn Bedürfnisse nicht befriedigt werden können und übe mich immer öfter im alleine sein. Ich lerne, dass die Welt nicht so ist, wie ich sie mir wünsche. Auch Krankheit ist da kein rettender Ausweg. Indem ich mein tatsächliches Ich finde, kann ich allmählich auf alle Rollen verzichten, die ich bis jetzt gespielt habe.

5. Gesetz: Im Loslassen beginnt die Veränderung

Ein entscheidendes Hindernis für die Kommunikation mit der universellen, göttlichen Kraft sind die eigenen Vorstellungen von der Welt, die man unbedingt, zumindest für sich und die unmittelbare Umgebung, durchsetzen möchte.
Wir Menschen bauen uns ein persönliches System auf, davon was gut oder böse, was richtig oder falsch, was erstrebenswert oder nicht ist und versuchen nun alles, was auf uns zukommt, in diese Schubladen zu stecken. Es entsteht ein Gewöhnungseffekt, den man fälschlicherweise für das richtige Handeln schlechthin hält.
Gewohnheit lähmt, stumpft ab, zieht über unser Leben ein Netz, in welches sie alles einzufangen sucht, das sich ihr widersetzen will. Gewohnheiten schlagen tiefe Wurzeln und werden zu unerschütterlichen Vorstellungen über „richtig" oder „falsch".
Gewohntes empfinden wir mit der Zeit nur deshalb als angenehm, weil wir es gewohnt sind. Was früher einmal einen Sinn ergab, kann heute zu einer Fratze geworden sein, die wir nicht aufgeben wollen, weil wir sie gewohnt sind und deshalb ihr verunstaltetes Aussehen nicht bemerken.
Beobachten wir unsere Gewohnheiten, hinterfragen wir sie und nehmen wir ihnen die Herrschaft über uns ab! Brechen wir die Macht der

abstumpfenden Gewohnheiten, lassen wir sie los!
Natürlich fangen wir damit klein an. Wie wäre es mit einer täglichen „Heute-mache-ich-etwas-anderes"- Übung? Eine winzige Kleinigkeit, die mir bewusst wird und die ich genau beobachte, genügt da schon: Ist erst der Keim der Befreiung gelegt, kann der Übungsumfang immer größer werden.
Aber ich muss noch viel mehr loslassen, damit Hand in Hand die so notwendigen Veränderungen in mir stattfinden können.
Immer wieder wird sich Schmerz bei diesen Übungen einschleichen, aber wir kennen ja unser Ziel. Glücklichsein muss vorher den Weg der Befreiung gehen.

Ich darf meinen Geist nicht überbewerten!

Der Geist ist unzuverlässig, er spielt Spielchen mit mir, er plappert und kann uns in die falsche Richtung führen. Wir müssen seine Motivationen durchschauen, versuchen seine Ziele zu erkennen. Unser Geist will immer unterhalten werden! Wir beobachten ihn und treten in Kontakt mit ihm, indem wir ihn direkt ansprechen. Wenn er uns zum Beispiel mit „Haben-Wollen" quält, befehle ich: „Sei still", „Schluss jetzt"! Er wird gehorchen, vielleicht widerwillig, denn das Spiel, das er immer wieder versucht, ist das Festhalten und das Haften an einer Sache, das seinen Ausdruck im Besitzen findet.

Ich darf meinen Körper nicht überbewerten!

Überlassen wir den Körper steuerungslos sich selbst, dann sucht er einen Zustand von dem er meint, es sei ständiges Wohlbefinden. Wenn ich mich immer dem anpasse, was mein Körper gerade fordert, komme ich in ein großes Dilemma, weil er immer etwas *haben* will, insbesondere will er sich füllen und leeren – ohne Ende. Er sucht eine absolute oder dauerhafte Befriedigung, die es nicht geben kann.
Wir fühlen, dass dieser Körper kein Eigentum ist: „Mein Körper" gibt es nicht. Ich kann nur versuchen, ihn zu beherrschen. Der Besitzgedanke schafft auch hier wieder eine Ich-Illusion.

Ich darf meine Gefühle nicht überbewerten

Dass wir keinesfalls Besitzer unserer Gefühle sind, merken wir daran, dass wir sie nicht beherrschen können. Allein unser Ego meint, sie seien unser Eigentum. Gefühle geschehen einfach – sie brausen los und ich kann ihnen nur Einhalt gebieten, wenn ich sie beobachte und etikettierte. Wenn ich zum Beispiel merke: „Aha, da kommt ein ärgerliches Gefühl", dann

kann ich es schon im Entstehen loslassen und wegschicken.
Es gibt auch ungesunde Dauer-Gefühle, deren Existenz als solche wir gar nicht wahrnehmen, wie zum Beispiel ständiges „Geliebt-werden-wollen" ständiges „Geschätzt-werden" oder „Beachtet-werden-wollen", auch ständige Gefühle des eigenen Unwertes und viele, viele mehr.
Diese Dauergefühle werden dann zu sogenannten Charaktereigenschaften. Sind sie einmal erkannt, schwindet auch diese Macht über uns.

Ich darf meine Gedanken nicht überbewerten

Immer, nachdem ein Gedanke eingesetzt hat, entsteht eine winzige Wirkung. Jeder Gedanke ist die Vor-Formulierung einer Absicht. Was äußerst negativ ist: Gedanken urteilen ständig und versuchen alles Geschehen um uns in unsere persönliche Sicht von der Welt zu pressen. Immer suchen sie eine Persönlichkeitsschublade, um den Gedankeninhalt entsprechend einzuordnen.
Die meisten Gedanken sind jedoch nutzloses Wiederkäuen oder Zurechtrücken der Vergangenheit oder sinnloses Sorgen über die Zukunft.

Ich darf meine Körpersinne nicht überbewerten!

Wir sind geneigt zu meinen, die Dinge seien so, wie wir sie mit unseren fünf Sinnen sehen, fühlen, riechen, hören können. Das sind sie natürlich auch! Aber das ist nur ein Aspekt der tatsächlichen Realitäten. Wir Menschen sind hier einfach zu grob gestrickt.
So, wie wir bei Dingen nur ihre materielle Seite sehen können, so sehen wir bei Wirkungszusammenhängen meist nur das Vordergründige. Oft folgen die sinnlichen Wahrnehmungen nur dem Ziel, das eigene Ego zu stützen oder zu stärken und das Ego des anderen zu schwächen.

Die Anwendung des 5. Gesetzes

- Ich will lernen, dass die Unsicherheit ein Grundprinzip unseres Lebens ist. Nichts ist beständig, nichts bleibt, alles vergeht. Ich weiß, dass ich nichts festhalten kann. Alles was bei mir festgefahren ist, verkrustet, verkrampft, was nur noch Gewohnheit ist, muss ich behutsam loslassen. Ich muss mich fallen lassen in den Fluss der Dinge, in die Schwingungen des Lebens. Ich weiß, dass ich Vertrauen zum Leben gewinnen muss, dass „in die Unsicherheit fallen" heißt: „Vertrauen zurückgewinnen". Wenn die Spontanität wieder zugelassen wird, fallen auch die Problemlösungen zu. Wer seine Starrheit löst, dem tun sich verblüffende Möglichkeiten auf.

- Ich will erfahren, dass der Zufall zu einem befreienden Lebensprinzip werden kann. Wenn ich festgefügte Formen loslasse, dann achte ich auf das, was mir zufällt. Ich ergreife das, was heilsam für mich ist und lasse mich *von Zu-Fall zu Zu-Fall* führen. Dieses Zufallsprinzip ist kein Chaos, wie man nach der alten Denkart meinen könnte. Aus dem riesigen Feld der Möglichkeiten fällt mir genau das zu, was ich benötige! Dieses Prinzip ist eine große Hilfe auf dem Weg zur Freiheit: Je unsicherer mir etwas (nach meinem alten Denken) erscheint, desto sicherer werde ich, desto größere Kraft entsteht in mir.

- Mit diesem Loslösen von allen ungesunden Zwängen trete ich eine Lawine los, die Stück für Stück das Denken, das Fühlen, das Bewusstsein dorthin führt, wo es hingehört: Zur Liebe und zum Glück.

- Natürlich gibt es Trauer, Leid, Schmerz. Sie werden nicht verschwinden, so lange ich lebe, aber ihre Kraft ist nicht mehr zerstörerisch. Ich nehme das Leid an, wenn es kommt und bin achtsam. Ich lasse den Schmerz zu, weil ich weiß, er muss wieder gehen, auch er ist vergänglich und hat keinen Bestand!

- Auf diesem Weg des Loslassens und Veränderns überprüfe ich Stück für Stück meine Beziehungen. Immer wieder aufs neue stelle ich die Frage, ob diese oder jene noch heilsam für mich ist. Wenn nicht, muss sie neu durchdacht und auf neue Füße gestellt werden. Vielleicht greift meine Veränderung auf den anderen Menschen über, vielleicht wird sie zum positiven Anstoß? Ich beobachte insbesonders, ob mein Partner mir mehr Energie abzieht, als er mir gibt. Oder bin ich es, der meinen Partner „aussaugt"? Muss ich diesen erniedrigen, um mich zu erhöhen?

- Ich weiß, dass Veränderung allein im Handeln sichtbar wird. Reden oder gar diskutieren sind aussichtslose Unterfangen. Alle Erkenntnisse, denen kein entsprechendes Handeln folgt, sind sinnlos, als wären sie nie gewesen. "Handeln" darf jedoch nicht mit „Betriebsamkeit" verwechselt werden. Handeln kann manchmal geradezu heißen *nichts* zu tun, bewusst *nicht* eingreifen, *nicht* bestimmen, *nicht* meinen Willen durchsetzen. In Stille dazusitzen und in sich selbst hineinhören, um Kopf und Herz klar zu machen kann größtmögliches Handeln bedeuten! Veränderung bedeutet loslassen von allem Unheilsamen und hingehen zum Heilsamen. Nur was mich „heil" macht ist gut für mich. Heil machen heißt heilen, gesund werden. Und das wollen wir – auf allen Ebenen!

- Ich weiß, dass Glücklichsein nichts mit Überschwang zu tun hat, mit Euphorie oder mit überdrehtem „positiven" Denken. Ständiges positives Denken wird schnell zum zwanghaften Denken und zwanghaftem Verhalten. Realistisches Denken, Wirklichkeitsdenken ist das, was ich suche. Die wirkliche, tatsächliche Realität finden, nicht jene, die wir uns tagtäglich vorspielen, das ist der Weg. Dazu gehört auch das Erkennen des Negativen.

- Ich weiß, dass ich nicht immer „gut" sein kann. Ich ahne die Fragwürdigkeit jener Begriffe wie „gut oder böse", „richtig oder falsch", „gläubig oder nichtgläubig". Nichts ist entweder weiß oder schwarz. Wir sind immer beides gleichzeitig – und immer wo Licht ist, da ist das Dunkel nicht weit.

6. Gesetz:
Jeder bestimmt seine Zukunft selbst.

Realität, das nicht etwas, das es unabhängig von mir gibt. Es gibt keine objektive Wirklichkeit, auf die ich zugehen könnte und von der ich mich entfernen könnte. Realität gibt es nur *mit* mir. Die einzige Realität, die es für mich gibt, ist mein Sein im Hier und Jetzt und nur in diesem einen Punkt bin ich handlungsfähig.
Dieser „Jetzt-Punkt" ist der Schnittpunkt, in der die Zukunft eingetreten ist und - schwupp - in die Vergangenheit entschwindet.

Jener immer wiederkehrende Augenblick ist in der Tat der einzige Besitz, den wir tatsächlich haben.

Jener eben eingetretene Augenblick ist das Ergebnis dessen, was vorher war, ist eine Folge meines Handelns, das bereits in der Vergangenheit liegt. Hätte ich in der Vergangenheit anders entschieden, dann wäre jetzt *vielleicht alles* ganz anders: Ich hätte einen anderen Beruf, einen anderen Partner, eine andere Wohnung, ja sogar andere Gewohnheiten.
Der Jetzt-Punkt, der zu meiner tatsächlichen Realität wird, ist von den unendlich vielen Möglichkeiten die einzige, welche zur tatsächlichen Wirklichkeit wird. Das unendliche Feld der Möglichkeiten manifestiert sich in dieser einen, ganz besonderen Form, als meine Gegenwart.

Wenn wir das begreifen, dann muss jedes Klagelied verstummen, denn was mir heute geschieht, das habe ich selbst durch meine Entscheidungen von gestern verursacht.
Es gibt keine „böse Welt", in die ich hineingeworfen wurde. Es gibt böse Menschen, die man meiden muss, es gibt schlechte Plätze, die man meiden muss, es gibt Abhängigkeiten, die man meiden muss, aber es gibt keine böse Welt, die mir übel will.
Die Ergebnisse eines Lebens hängen immer davon ab, ob man bestimmte Dinge getan hat oder nicht getan hat. Jeder ist deshalb der eigene Schöpfer seines Schicksals. Wer anders als ich selbst könnte für mich handeln?
Und so wie die Gegenwart das Ergebnis vergangenen Handelns ist, so ist die Zukunft allein das Ergebnis meines jetzigen Handelns. Alles was zukünftig geschieht oder was „über mich kommt", wie zum Beispiel eine Krankheit, bestimme ich selbst zu einem vorausgegangenen Zeitpunkt. Somit erschaffe ich mir meine Zukunft selbst.
Wenn wir mit trübem Blick, von Emotionen gefangen, von Ängsten gebeutelt, durch unsere Tage gehen, dann verspielen wir alle unsere Möglichkeiten, dann lassen wir uns geistig, seelisch und körperlich verkommen. Wir sind dann vielleicht ein wohlerzogener, angesehener, gutverdienender Staatsbürger, aber sonst sind wir ein Krüppel. Wir sind bereits tot, bevor wir richtig geboren wurden.

Die Anwendung des 6. Gesetzes

- **Ich weiß, dass die Zukunft im Jetzt vorbereitet, programmiert wird**. *Dies hat erhebliche Auswirkungen auf meine Art zu denken* – jetzt, in der momentanen Gegenwart: Ich ordne, etikettiere meine Gedanken und teile sie ein in für mich heilsame und für mich unheilsame. Die letzteren schicke ich so konsequent wie möglich weg. Die ersteren vertiefe ich, baue sie aus und mache sie zu Mittelpunkten meiner Betrachtungen. Wenn Gier, Hass und Illusionen in ihren unendlich vielen Formen und Abstufungen verschwinden, dann kehrt die Ruhe ein, die ich brauche, um heute das Richtige zu tun, um heute die richtigen Entscheidungen zu treffen. Gedanken sind die *erste der drei Türen*, die in die Außenwelt führen. Gedanken befinden sich vor der *zweiten Tür, der Rede* und vor der *dritten Tür, der Tat*. Gedanken setzen die Keime für etwas, weisen die Richtung, sind wie kleine Kraftwerke. Gedanken rufen Kettenreaktionen hervor, verdichten sich, bündeln sich und stoßen dann über die Sprache die zweite Tür auf. Ich weiß, dass ich meine Gedanken spätestens dann erkannt und benannt haben muss, bevor sie durch diese zweite Tür gehen.

- Ich weiß, dass kindisches Positivdenken nicht angesagt ist. Jenes „Alles-ist-schön"- Geplapper verstopft den Zugang zur tatsächlichen Realität, ist irreal. Ich übe mich auch darin, keine Resultate oder Ergebnisse *vor*zudenken. Resultate vordenken, vorgeben, heißt eine bestimmte Erwartung haben, heißt festhalten wollen, heißt beherrschen wollen. Jede vorgedachte Erwartungshaltung stört den eigenen Frieden und die eigene Harmonie. Erwartungen sind Hoffnungen in die Zukunft. Ich weiß, wenn ich nichts erwarte, wenn ich ohne innere Vorgaben an eine Sache herangehe, kann ich zum einen nicht enttäuscht werden und zum anderen die mit Sicherheit qualitativ bessere Entscheidung treffen

- **Ich weiß, dass die Zukunft im Jetzt vorbereitet, programmiert wird.** *Dies hat erhebliche Auswirkungen auf meine Art zu fühlen* – jetzt, in der momentanen Gegenwart: Ich weiß, dass ich mit meinen Gefühlen genau so verfahren muss wie mit meinen Gedanken. Dies ist natürlich dann erheblich schwieriger, wenn ich ein gefühlsbetonter Mensch bin. Gefühle können wie hungrige Raubtiere sein, sie wollen den anderen fressen vor Liebe oder zerstören vor Hass. Gefühle können wie Sturmfluten sein, wie Orkane oder aber sie haben sich zurückgezogen, eingekapselt, eingemauert. Dann toben sie hinter diesen unsichtbaren Wänden und versuchen hinter glatter Fassade zu zerstören. Verletzte Gefühle sind wie Torpedos, die darauf lauern, im richtigen Moment zu explodieren.

- Ich weiß, dass es unendlich wichtig ist, meine Gefühle zu erkennen und zu benennen. Gerade weil unkontrollierte Gefühlswallungen Kettenreaktionen in Gang setzen, die dann nicht mehr gesteuert werden können.

- Ich weiß, dass ich gute und tiefe Gefühle haben kann, wovon das Gefühl der nicht ichbezogenen Liebe zu allen Wesen das höchste ist. Ich weiß, dass es herrlich ist, vertraute Menschen zu lieben, Plätze, Orte, Landschaften – und mich selbst.

- **Ich weiß, dass die Zukunft im Jetzt vorbereitet, programmiert wird.** *Dies hat erhebliche Auswirkungen auf mein Handeln* – jetzt, in der momentanen Gegenwart: Ich handle, indem ich meine Gedanken, ergänzt oder umwoben von meinen Gefühlen, zu einer Tat umforme. Das was ich tue ist ein Resultat dessen, was vorher geistig bearbeitet wurde. Ich weiß, dass hier im Tun noch ein großer Fallstrick lauern kann: Auch die gute Tat wird bedeutungslos, wenn die Motivation nicht stimmt! Die Taten eines hoch und weit geachteten Menschen sind nichtig, wenn sie getan wurden, um sich selbst zu erhöhen, um sich bedeutend zu machen, um sich als irgend etwas – etwa als guter Mensch – darzustellen. Wenn die moralisch hochstehende Tat zur Rolle wird, die ich spiele, dann kann ich sie gleich lassen. Ich weiß, dass dies ein schwieriges Kapitel des Lebens ist und immer wieder sage ich mir, dass es genügt, wenn ich auf dem Weg bin – er ist das Ziel. Auf diesem Weg des rechten Handelns gibt es keine Ankunft, wir sind immer unterwegs.

Wir wissen, dass es gut ist, Zielvorstellungen zu haben, um die sich dann unsere Gedanken kreisen können:

- Ich weiß, dass **Großzügigkeit** auf dem Weg ganz vorne, bei der Liebe zu allen Wesen steht. Großzügigkeit ist eine Motivation, die unseren Weg zu erschließen hilft. Großzügigkeit verkleinert das Ego und gibt an andere ab, so weit dies möglich ist. Sie kann sich auch ausdrücken in „Zeit haben" oder „sich Zeit nehmen", „Aufmerksamkeit schenken", „Interesse zeigen", „Fürsorglich sein" und vieles mehr, das man schenken kann.

- Ich weiß, dass ich **Mitgefühl** entwickeln muss, um positiv handeln zu können. Mitgefühl ist das Gegenteil von Mitleid, so wie dieser Begriff heute verstanden wird. Viele Menschen können einem leid tun, müssen bedauert werden. Dies ist eine rationale, sicherlich zutreffende Feststellung. Mit dem Mit-Lebewesen *fühlen*, also Mit-Gefühl entwickeln, hat eine gänzlich andere Qualität.

- Ich weiß, dass mein Verhalten aus meiner **eigenen, inneren Moral** entspringen muss. Ich versuche so mutig zu sein, wie der Dichter Hermann Hesse, der gesagt hat: „Wer zu bequem ist, um selber zu denken und selber sein Richter zu sein, der fügt sich eben in die Verbote, wie sie nun einmal sind. Er hat es leicht. Andere spüren selber Gebote in sich, ihnen sind Dinge verboten, die jeder Ehrenmann tagtäglich tut, und es sind ihm Dinge erlaubt, die sonst verpönt sind. Jeder muss für sich selber stehen".

- Ich weiß, dass **Verzicht** eine hohe Motivation meines Handelns sein kann. Ich verzichte auf die Vorstellung von dem, was werden soll, von dem was ich haben will. Ich verzichte auf alle zusammenfabulierte „Ichs", die ich eigentlich nicht bin. Ich verzichte auf irrationale Vorstellungen wie „mein Haus", „meine Frau", „mein Land", „mein Auto".

- Ich weiß, dass **geduldiges Handeln** notwendig ist. Ein geduldiger Mensch behält den Überblick, ein ungeduldiger kann leicht unsinnige Dinge tun.

- Ich weiß, dass positiv gesteuerte **Energie** zum Handeln notwendig ist. Fehlgesteuerte Energie kann uns ruhelos um die ganze Welt führen, wir werden nirgends ankommen und keine Heimat finden. Um die Stufe des Instinktes, die Stufe der reinen Befriedigung der Triebe zu überwinden, brauchen wir viel positive Energie. Energielos nur ein guter Mensch sein zu wollen, ist ebenfalls nicht heilsam. Es macht träge, dumpf und lethargisch. Energiemangel zieht einen Mangel an Zielgerichtetheit nach sich. Ich will wissen was ich will und ich halte mich daran! Deshalb entsteht durch hohe Energie die so wichtige **Entschlusskraft**.

- Ich weiß, dass **Gleichmut** zum Handeln gehört. Ich lasse mich in nichts von außen hineinziehen, lasse mich nicht provozieren und nicht zu übereilten Reaktionen verleiten. Sollte mich jemand beleidigen können? Erst wenn ich die abgeschickte Beleidigung annehme, wird sie zu einer solchen! Wenn ich gleichmütig bin, werde ich eine beleidigende Absicht klar durchschauen, sehe aber auch sofort das Leid, welches als Motivation dahinter steht. Sollte ich mich da mit einbeziehen lassen? Ich weiß, dass Gleichmut das Gegenteil von Gleichgültigkeit ist. Gleichgültigkeit ist der Versuch des Egos, sich weiter zu tarnen, seinen Anspruch weiter zu schützen. Gleichmut gründet auf der Einsicht, dass sich sowieso alles ununterbrochen ändert. Es ist das Verstehen und Begreifen der Vergänglichkeit. Alles geschieht einfach und wir geschehen mit. Jeder Widerstand gegen das Unabänderliche schmerzt, schafft Leid. Sollten wir uns sinnloserweise weh tun?

- Ich weiß, dass ich das, was ich anstrebe, nämlich **Weisheit**, nicht lernen kann. Weisheit kommt oder kommt nicht. Weisheit ist das Ergebnis meines „auf dem Weg sein", dem nie erreichbaren Ziele zu. Weisheit braucht scharfe Augen und klare Erkenntnis. Sie ist allerdings ein kleines Pflänzchen, sie ist schwach und braucht ein starkes Transportmittel. Setzten sich die geschärften Augen der Weisheit auf den Kopf des blinden Riesen der da „Glaube" heißt, dann lassen sich auch schwierigste und gefährliche Wegstrecken gemeinsam zurücklegen.

Um meine Zukunft zu steuern brauche ich also

- klare Achtsamkeit und klares Beobachten.

- klare Gedanken und klare Gefühle.

- die klare Sicht der Dinge und der Zusammenhänge.

- klare Absicht, das heißt klare Motivation.

- klare Rede. Das, was wir mit Worten sagen, braucht oft größte Aufmerksamkeit. Buddha sagte dazu: „Wenn etwas schmerzhaft und unwahr ist, behalte es für dich. Wenn etwas schmerzhaft und wahr ist, behalte es für dich. Wenn etwas angenehm und unwahr ist, behalte es für dich. Wenn etwas hilfreich und wahr ist, dann finde den richtigen Zeitpunkt es zu sagen".

- klares, zielgerichtetes Handeln, zu dem natürlich eine klare Lebensführung gehört.

Das 7. Gesetz: Jeder kann sich selbst heilen

Dieses siebte Gesetz entspringt dem sechsten und ist die größte Gabe, die uns Menschen gegeben ist: Mit unserem von Gier, Hass und Wahn befreiten Bewusstsein stoßen wir vor in die Steuerungsebene des Seins!
Da wir ja ein Teil jener unendlichen, erschaffenden und steuernden Kraft sind, können wir mit ihr auf direktem Wege kommunizieren.
Ob wir diese Kraft nun „Gott" nennen oder „großer Geist" oder wie auch immer, spielt keine Rolle, jeder soll und darf ihn so nennen wie er möchte. Der älteste Begriff für diese Form der Anrede ist „Gebet"
Jeder Begriff, in Ehrfurcht ausgesprochen oder nicht ausgesprochen ist der richtige. Physiker zum Beispiel nennen jene Kraft „morphogenetisches Feld" oder „Inneres Datenfeld" oder „Quantenfeld". Man könnte es auch „Gedankenfeld" nennen. Alles das ist auch richtig.

Wenn wir bis hierher die sechs Gesetze durchlaufen haben, wenn wir auch nur auf dem Weg sind, und sei es ganz, ganz am Anfang, dann können wir mit unserer Kraft jenen Teil der universellen Kraft steuern, der uns selbst betrifft:

Mit der Kraft unseres Gedankenstrahles,

mit der Kraft unserer positiven Emotionen,

mit der Kraft unseres Handelns.

Da wir hier auf der Erde nur ein Gegenstück dessen sind, was im alles umfassenden Feld des großen Geistes gespeichert ist, können wir zum Original Kontakt aufnehmen.
In Rückkoppelung der gesendeten Gedanken erhalten wir jene Qualität zurück, die von uns ausgeht.

Das siebte Gesetz besagt kurz und klar: Das, was von mir ausgeht, fällt wieder auf mich zurück!

Ich schicke meine Wünsche los und bitte das Universum um Entscheidung. Ich gestalte damit jetzt, beim Abschicken, aktiv meine Zukunft, denn in dem Maße wie ich *jetzt* handle, fühle oder denke, gestaltet sich *morgen* das Geschehen . Wie wenn ich einen Stein ins ruhige Gewässer werfe, schwingen die Informationen davon weit und weiter, bis sie, vielleicht nach langer Zeit erst, ans Ufer schlagen.

Wenn ich um diesen Mechanismus weiß, brauche ich mir keine Sorgen mehr um das Leben an sich zu machen: Es geschieht, weil es geschehen muss, und zwar so, wie *ich* es veranlasse.
Es geschieht das, was man auch „geistiges Heilen" nennt.
In der Kommunikation mit dem Göttlichen heile ich meine seelischen Verletzungen und meine körperlichen Schäden. Die Zeit, in der

Krankheiten meinen Körper befallen konnten, ist nun vorbei, da ich ihr Kommen schon spüre, *bevor* sie in den Körper dringen.

Indem ich das siebte universelle Gesetz anwende, steuere ich nicht nur meine Zukunft, sondern auch meine Gesundheit! Ich formuliere was mich bedrückt und schicke meine Sorgen los. Die Rückkoppelung meiner Gedanken veranlasst die Lösung meines Problems, in diesem Falle die Heilung: Krankheiten verschwinden und kommen gar nicht erst auf, Wünsche gehen in Erfüllung, der Alterungsprozess verlangsamt sich und die Zukunft sichert sich selbst.

Vorschläge zur Anwendung des 7. Gesetzes

Wenn wir das siebte Gesetz anwenden wollen, funktioniert dies nur, wenn ich die Gesetze eins bis sechs verinnerlicht habe und diesen voll inhaltlich mit dem Herzen zustimme. Dies ist das Zeichen für das göttliche Quantenfeld, dass ich mich auf den Weg begeben habe.
Stimme ich zum Beispiel nur zu, weil ich meine, einen bequemen Mechanismus zum Heilen meiner Gebrechen gefunden zu haben, wird *nichts* funktionieren. Wer mit dem Pendel oder der Einhandrute („Biotensor") umgehen kann, der sieht diese Ablehnung des Feldes sogar mit den eigenen Augen: Das Pendel oder die

Rute drehen unweigerlich links und sagen definitiv „nein".

Um seine Gedanken zielgenau und in Ruhe abschicken zu können ist es sinnvoll, maximale Ruhe um sich zu schaffen. Die schon erwähnten 30 Minuten am Morgen und am Abend eignen sich hervorragend. Diese meditative Zeit sollte man sich unbedingt nehmen! Die Morgenminuten kann man nützen, um vorausschauend in das Tagesgeschehen einzugreifen.

Wenn ich zum Beispiel eine ärgerliche Auseinandersetzung vor mir habe, kann ich um innere Ruhe bitten, um Gelassenheit, um sachgerechte eigenen Argumentation, um das Vermögen, den anderen nicht zu verletzen oder darum, die angestrebte Verletzung des anderen nicht anzunehmen.

Am Abend kann ich mich auf meine grundsätzliche Veränderung konzentrieren und um all das bitten, was ich für meinen Weg noch dringend brauche.

Natürlich kann ich auch den ganzen Tag über, wenn ich Denk- oder Handlungspausen habe, meine Gedanken abschicken. Auch wenn der „Leerlauf" nur wenige Augenblicke währt: Beim Blick durch ein Fenster nach draußen, beim Gehen durch die Stadt, beim einfach nur Dasitzen; alle diese Augenblicke oder Minuten könnte ich dazu nutzen, meine Gedankenstrahlen abzuschicken.

Natürlich kann ich auch auf vorformulierte, vielleicht poetische Texte zurückgreifen oder diese selbst erstellen.

Schreiben Sie einmal in einer stillen Stunde selbst solch einen Text! Sie müssen ihn ja niemanden zeigen. Und dann tun Sie etwas, was heute noch geheimes Wissen der modernen Schamanen ist: Stecken Sie dieses Blatt, diesen Zettel, auch wenn es nur eine unbeholfene Bitte ist, nicht nur tagsüber in Ihre Hosentasche, legen Sie ihn auch nachts unter Ihr Kopfkissen! Die Wirkung des Textes entfaltet sich so innerhalb Ihres nicht sichtbaren Energiekörpers.
Wenn Sie Zeit haben, legen Sie Ihre linke Hand (Linkshänder die rechte Hand) über den Zettel mit dem Text und wünschen Sie sich konzentriert das, was auf dem Zettel steht: Die Kraft der Gedanken erhalten mit dieser zusätzlichen Verstärkung durch die geschriebenen Zeichen eine noch stärkere Schubkraft. Es ist dies ein Teil der Technik, mit der die Schamanen schon immer andere Menschen heilen konnten; sie brauchten nur etwas Originäres von der zu heilenden Person: ein kleines Haarbüschel, etwas Blut, Fingernagelschnipsel oder, in moderner Zeit, ein Foto.
Alle sogenannten Wunderheilungen lassen sich nach diesem Prinzip erklären. Allerdings gehört immer und ausnahmslos der Glaube dazu, dass das Universum mir helfen wird!
Ich weiß und fühle es: Der scharfe Blick der Weisheit und die Kraft des blinden Riesen, der Glaube heißt, können gemeinsam Berge versetzen.
Ich beginne heute damit.

Bitten an den göttlichen Schöpfergeist

Bitte

Ich bitte Dich, göttliche Kraft
des Universums,
Du mit den vielen Namen und keinem,
sende Deine Energie
durch meine Seele,
durch meinen Körper.

Durchflute alle meine Körperzellen,
nimm Schadstoffe aus ihnen
und öffne die blockierte Haut überall,
damit Du ungehindert fließen kannst.

Reinige meine Seele
und meine Organe.
Reinige meine Gedanken,
dass ich mich besinne
auf meine Größe und Stärke.

Ich weiß, ich bin ein Teil von Dir,
groß, stark, ewig.
Doch hier in dieser materiellen Enge
brauche ich Deine Gegenwart.

Durchfließe mich,
meine Seele
und jedes Stück
meines Gewebes.

Ich bitte Dich.

Gott,

Ewige Energie,
Du mit den vielen Namen und keinem,
ich Bitte Dich!

Mein „Ich" in der Nacht musste viele Gefahren meistern.
Dort, wo ich war,
war keine Sonne,
nur Dunkelheit
und Du schienst nicht da.
Der Tag hat deshalb trübe angefangen.

Ich bitte Dich,
der Du mein Ich umschließt,
durchflute meine Seele.
Reinige sie von den Schatten,
die sich über meinen Körper legen.

Lass mich Dich spüren
und Deine Wärme.

Ich bitte Dich

Großer Geist,

Du mit den vielen Namen und keinem,
ich bitte Dich.

Der Tag ist zu Ende
und es kommt die lange, dunkle Nacht.
Ich habe Angst vor ihr.
Ich trete ein in die Anders-Welt
und es geschehen schlimme Dinge.
Als spiegele sich der hektische,
glücklose Tag
in Bildern und Figuren,
die ich nicht verstehe.

Großer Geist,
durchflute meine Seele
und meinen Körper.
Mache beide stark gegen die Angst,
mache beide stark gegen die Nacht.
Lasse mich schlafen, tief und fest.

Ich bitte Dich!

Ewige Energie,

Du mit den vielen Namen und keinem,
ich bitte Dich!
Es ist mir, als sei ein Tag *kein* Tag
und eine Nacht *keine* Nacht.
Alles ist so laut und schnell
und läuft wie *vor,*
oder *hinter* mir.
Dauernd versuche ich zu greifen,
aber da ist kein Halt.
Leer und ausgepumpt naht der Abend.

Ewige Energie,
durchflute meine Seele und meinen Körper
und schicke mir jene Festigkeit,
nach der ich bis heute
vergeblich suche;
die in Dir ist,
die im Universum ist,
die irgendwo in mir ist.

Ich bitte Dich!

Ewige Energie,

Du mit den vielen Namen und keinem,
ich bitte Dich!

Nimm mir die Angst vor der Freiheit,
vor dem freien Denken,
vor dem freien Handeln.

Nimm mir die Angst vor dem Tun,
was andere nicht tun,
vor dem Denken,
was andere nicht denken.

Schwinge durch meine Seele
und vertreibe dieses Gift,
das schon in meine Kinderseele
gepflanzt wurde.

PRANA,
Ewige Energie,
reinige meine Seele
und mache sie frei,
damit die Angst weicht.

Ich bitte Dich!

Du

Ewige Energie,
Du mit den tausend Namen
und keinem,
ich bitte Dich!

Seit langem verspüre ich
ein Schwinden von Energie.
Ich komme mir vor wie Don Quichotte,
der gegen Windmühlen kämpft.
Es ist, als ob jemand mich aussaugt,
mich meines Lebens beraubt.
Ich spüre dies als Leere,
ich spüre dies als Kälte,
die in mir hochsteigt
und nach mir greift.

DU
ewige Energie,
durchflute meine Seele,
durchflute meinen Körper.
Wer auch immer mir versucht,
die Wärme zu nehmen,
verjage ihn aus meiner Seele,
verjage ihn aus meinem Körper,

Ich bitte Dich!

Gott,
Ewige Energie,

Du mit den tausend Namen und
keinem,
ich bitte Dich!

Heute war wieder so ein Tag:
Kein großes Auf, kein großes Ab,
alles grau dahinfließend
und ohne Melodie.
Monoton war alles, was mir
entgegentrat.

Grau auch meine Gedanken.
Als wolle die innere Uhr anhalten
und „Pause" murmeln oder „schlafen"
oder „wegtreten".
Als würden die Gefühle über die
Erde kriechen, zäh und traurig.

Durchfließe meine Seele,
Gott,
richte sie auf, wärme sie
und schenke ihr das fehlende Licht.

Ich bitte Dich!

PRANA

Ewige Energie,
Du mit den tausend Namen
und keinem,
ich bitte Dich!

Ich habe mir einen Panzer zugelegt.
Ich habe mich eingemauert,
zurückgezogen
und finde keine echte Nähe mehr.
Die Freundlichkeit,
die ich zeige,
spiele ich nur.

Warum bin ich so kalt geworden
und so eng,
wo ich doch solche Sehnsucht
nach Wärme und Weite habe!

PRANA,
durchflute meine Seele,
damit sich löst, was mich einschnürt.
Schicke Deine Wärme,
damit Kälte und Panzer schwinden.

Durchflute mich,
PRANA,
ich bitte Dich!

Großer göttlicher Geist,
Ewige Energie,

Du mit den vielen Namen und keinem,
ich bitte Dich!

Ich sehe den Sonnenaufgang und den
Sonnenuntergang.
Ich sehe den Sternenhimmel
und das Ziehen der Wolken.
Ich beobachte das Wachsen des Grases
und das Strömen des Wassers.
Ich lausche in das Universum,
aus dem wir kommen und spüre:
Die Veränderung naht.

Mache mich und uns Menschen
stark für diese Zeit,
denn was kommt wird gewaltig
und unvorstellbar sein.

Aber Du bist da,
denn das, was kommt, kommt von Dir.

Großer göttlicher Geist
Ewige Energie,
mache mich und alle Menschen stark
für diese Zeit.
Durchflute unsere Seelen und Körper,
damit wir Deine Wärme
und Deine Nähe spüren.

Ich bitte Dich!

Göttliche Energie

Göttliche Energie
Du mit den tausend Namen
und keinem, ich bitte Dich!

Ich weiß, ich lade zu viel auf meine Schultern.
Ich tue und renne den ganzen Tag
Und bin abends ausgepumpt, müde, erledigt.
Ich laufe wie in einem riesigen, großen Rad
Und sehe keinen Anfang und kein Ende.

Ich bitte Dich, großer Geist,
schenke mir Klarheit und die Kraft,
Dinge *nicht* zu tun!
Lerne mich zu unterscheiden,
was für mich tatsächlich wichtig ist und was nicht.

Mache mich stark, um *nein* zu sagen,
auch wenn alle um mich ein *ja* erwarten.
Mache mich stark *ja* zu sagen,
auch wenn alle um mich ein *nein* erwarten.

Ich bitte Dich, großer Geist,
schenke mir Klarheit
und die Kraft, Dinge abzulehnen,
die zwar anderen gut tun,
aber *mir* nicht.

Hilf mir, großer Geist,
denn ich möchte stark werde.
Durchfließe meine Seele
Und jedes Stück
Meines Gewebes.

Ich bitte Dich.

Großer Geist

Großer Geist,
göttliche Energie,
Du mit den tausend Namen und keinem,
ich brauche Deine Hilfe!

Ich habe das Vertrauen in die Menschen verloren.
Niemandem kann ich mehr trauen,
manchmal sogar mir selbst nicht.

Ich weiß, dass mich dies innerlich aufreißt,
verbittert, kalt und krank macht.

Großer Geist,
ich möchte wieder jemandem die Hand geben
können und Wärme spüren.
Ich möchte meinen Panzer öffnen.
Ich möchte diese unendliche Kälte verlassen.

Schicke mir Licht, großer Geist,
schicke mir Wärme und die Kraft,
dass ich die Hand ausstrecken kann –
und sei es nur ein winziges Stück.

Ich bitte Dich, großer Geist,
durchflute meine Körperzellen
und nimm ihnen die Angst.

Lasse mich denjenigen finden,
der *ich* in Wirklichkeit bin.

Ich bitte Dich!

Göttliche Energie

Göttliche Energie,
Du mit den tausend Namen und keinem,
ich brauche Deine Hilfe!

Es ist so schwer, dies auszusprechen,
aber ich möchte mir meinen Hochmut abgewöhnen
und mich nicht mehr über andere Menschen stellen.

Ich kenne sie so gut, die Symptome des Hochmuts
und ich möchte, dass sie mich verlassen:

Sarkasmus, Überheblichkeit, Besserwissen, zynisch sein, „alles im Griff" haben und so sehr von der eigenen Wichtigkeit überzeugt sein.

Großer Geist, es ist so schwer für mich,
nicht mehr zu allem meinen Kommentar zu geben
und das Leben fließen zu lassen wie es fließt.

Aber ich möchte nicht mehr die wichtigste Person des Universums sein. Ich möchte nicht mehr mit diesem dummen Stolz durch die Welt gehen.

Ich möchte einfach glücklich sein,
froh und zufrieden.

Großer Geist, durchfließe mich,
durchfließe meine Seele und meinen Körper
und gebe mir Ruhe und wenigstens etwas von dem, was andere *Glück* nennen.

Ich bitte Dich!

Gott,
ewige Energie,
Du mit den tausend Namen und keinem,
heute möchte ich Dir einfach einmal danken!

Ich möchte ganz bewusst sagen,
dass es mir gut geht:

Ich habe Kleidung, Wasser und reichlich zu essen. Ich genieße die Sonne, den Wind, den Regen und freue mich am Mond und an den vielen anderen Welten am Nachthimmel.

Ich schaue, dass es den Pflanzen, den Tieren und den Menschen in meiner Nähe gut geht – ich schenke ihnen zumindest ein Lächeln, das von Herzen kommt.

Was ich nicht ändern kann versuche ich nicht zu erleiden.
Was ich ändern kann verändere ich mit Macht, wenn es notwendig ist. Jedenfalls versuche ich dies alles.

Wenn ich nicht mehr bewirken kann als ich kann,
dann siehst Du es mir nach,
dann sehe ich es mir nach.

Ich danke Dir, großer Gott,
dass ich meine Zeit auf diesem Planeten leben darf und dass bei allem Leid meine Seele und mein Körper wohl behütet sind.

Wenn ich Dich doch immer wieder um etwas bitte, dann ist es um Liebe, die uneigennützig aus dem Herzen kommt.

Ich weiß, dass Du ich bist und dass ich Du bin. Gerade deshalb: Durchflute meine Seele und meinen Körper, schaffe Wachsamkeit in allen meinen Körperzellen und schärfe die Sicht für klares, ungetrübtes Sehen.

Ich danke Dir, großer Gott,
dass es Dich gibt,
ich danke Dir, dass es mich gibt.

Danke!

Von Walter Häge bereits erschienen:

„Wir sind Kinder des Lichts, Teil 1 - Ende eines Zeitalters, das mechanistische Weltbild zerbricht“ VPP-Verlag 1998, 112 Seiten, DM 14,80.
„Die Menschheit ist mitten im Wechsel ihres gesamten gesicherten Wissens. Wie zu Galiläis Zeiten bricht eine Welt zusammen. Das Wissen darum wird zwar noch mit allen Machtmitteln verschwiegen, doch es lässt sich nicht mehr geheim halten. Die mechanistische und reduktionistische Wissenschaft ist an ihrem Ende angekommen, die chemische und die großtechnische Industrie stehen mit dem Rücken an der Wand: Die Summe alles Wissens verliert an Bedeutung, das Paradigma wankt! Galiläis ‚Und sie dreht sich doch!‘ heißt heute: ‚Wir sind elektromagnetische Wesen!‘“ (VPP-Verlag)

„Die neue kombinierte Bachblüten & Edelsteintherapie“, Modul-Verlag 1998, 221 Seiten, Hochglanzausgabe, gebunden, mit 2 x 38 Farbtafeln zum Austesten, DM 48,00.
„Die Entdeckung Walter Häges lautet: 38 Bachblüten und 38 Heilsteine haben die gleichen energetischen Schwingungen! Erstmals ist jetzt die Möglichkeit gegeben, die persönliche Bachblütenmischung des Anwenders um die korrespondierenden Heilsteine zu ergänzen. Bachblüten und Heilsteine haben sowohl einzeln, als auch gemeinsam die gleiche Zielrichtung: Die Bekämpfung der Angst, die heute als Ausgangspunkt und Keimzelle vieler organischer und psychischer Erkrankungen angesehen wird.“ (Modul-Verlag)

„Zeitenwende – Die Erde braucht den neuen Menschen“, ausgewählte Aufsätze, Vorträge, Gedichte , 184 Seiten, Verlag Geobionic/ARGO. DM 25,00
„Alle Aufsätze in diesem Band, die sich als Fortsetzung von „Wir sind Kinder des Lichts Teil 1“ verstehen, befassen sich wiederum mit jener Energie aus dem Universum, die sozusagen unseren energetischen Stoffwechsel bildet.
Wir können diese Energie nicht nur spüren, wir können sie auch für unsere und anderer Menschen Heilung nutzen!
Weil die Konsequenzen aus diesem Wissen so revolutionär sind, wurde der Aufsatz: „Das Genie Wilhelm Reich“ hier nochmals aufgenommen und wir sehen, es gibt eine direkte Verbindung von den Ergebnissen jenes großen deutschen Forschers,

der wegen seiner Arbeit im Gefängnis sterben musste, hin zur heutigen Radionik.
Er zeigt zudem auf, wie die herrschende, materialistisch verhaftete Wissenschaft bis in unsere Tage hinein versucht, die Forschungen auf diesem Gebiet zu verhindern. Er nennt Namen und Fakten.
Diese Arbeit ist auch eine Chronologie der Wissens-Verhinderung, bis hin zu Existenzvernichtungen exponierter Forscherinnen und Forschern, derjenigen, die nicht im Gleichschritt der abgesegneten Meinungen gingen und dem System gefährlich wurden.
Im letzten Aufsatz zeigt Walter Häge auf, dass mit dem System des Psychoanalytikers Bert Hellinger auch das Paradigma der traditionellen Psychologie wankt. Dramatisch gespeicherte Familienbeziehungen lassen sich über das morphogenetische Feld reproduzieren. Mordfälle im Familienbereich können damit zweifelsfrei für alle Beteiligten aufgeklärt werden. Monika Böttchers Unschuld an der Ermordung ihrer beiden Kinder wäre nach der Methode Hellingers beweisbar.
Dieses Buch ist ein „Muss“ für alle Therapeuten und für all jene, die schon für sich selbst erkannt haben, dass die Welt eigentlich ganz anders ist, als wir sie vordergründig sehen“. (Verlag GEOBIONIC/ARGO)

„Radionik: Kommunikation mit dem Steuerungssystem des Lebendigen“, GEOBIONIC/ARGO 2000, 102 Seiten, DM 20,--.
„Die Menschheit in ihrem Erwachen hat schon oft das hinter sich, was man „Paradigmawechsel“ nennt. Es ist dies der Bewusstseinssprung in eine höhere, vorher nicht möglich gehaltene Ebene des reflektorischen Seins. Dabei verliert das bis dahin gesamte gesicherte Wissen an Gültigkeit. Die Sicht der Welt muss neu geordnet werden!
Der letzte Paradigmawechsel war vor etwa 300 Jahren, als das heliozentrische Weltbild das ptolemäische ablöste. Nun sind wir wieder inmitten eines solchen dramatischen Sprunges, der uns hin zum kosmischen Weltbild führt.
Ein Vorreiter dazu ist die Radionik. Sie ist weder Magie noch sonst ein esoterisches Geheimwissen. Radionik ist ein Aspekt der Physik des neuen Zeitalters. Sie zeigt auf, dass wir Menschen ein dreidimensionales Gegenstück jenes großen morphogenetischen Speichers sind, der uns erschafft und lenkt.

Jeder Mensch ist ein Teil dessen, was die Religionen Gott nennen!

Walter Häge hat eine neues, psychologisches Anwendungs-Programm entwickelt, mit dem in intensiver Traumarbeit Traumata aufgelöst werden. Verständlich wird hier dieses Programm und seine Wirkung erklärt.

Diese Psychoradionik ein Sprung ins psychologische Paradigma des neuen Jahrtausends!
Die Welt steht auf dem Kopf – aber das tat sie immer, wenn das gesamte gesicherte Wissen auf den Prüfstand gelegt wurde.“ (GEOBIONIC/ARGO)

Erscheinungstermin Oktober 2000:
„Das Leben mit der Einhandrute – Rettungswege aus den Folgen menschlicher Zerstörung“, ein Praxisbuch, 144 S. DM 22,-- (GEOBIONIC /ARGO)

Wichtige Adressen:

Arbeitskreis Radionik und Schwingungsmedizin e.V., Waldstr. 20, 23611 Bad Schwartau, Tel.: 0451 – 18 11 84

Becker, Joseph, Radiästhet, Yogazentrum Becker Neustadt/W, Hohe Wende 19, 67433 Neustadt/W, Tel.: 06321 - 81 68 7. Becker ist forschend mit der „Pyramiden-Resonanz-Therapie“ beschäftigt. Entwicklung eigener Pyramiden, Seminare.

Bittner, Wolfgang, Systemische Beratung, Systemorientierte Familien- und Organisationsaufstellungen nach Hellinger, Saarbrücker Str. 219, 66299 Friedrichsthal, Tel.: 06897–89 11 5 oder 0170–53 87 00 3

Dachverband Geistiges Heilen, Geschäftsstelle Steigerweg 55, 69115 Heidelberg, Tel.: 06221 – 16 96 06, Fax: 16 96 07

DBU Deutsche Buddhistische Union, Amalienstr. 71, 80799 München, Tel.: 089 – 28 01 04, Fax: 28 10 53

Deutsche Radionische Gesellschaft, Höhenstr. 3-5, 35647 Waldsolms, Tel.: 06085 – 97 02 53, Fax: 06085 – 97 02 53

Forschungskreis für Geobiologie, Adlerweg 1, 69429 Waldbrunn-Wk., Tel.: 06274 – 91 21 02, Fax: 91 21 09, Internet: WWW. geobiologie.de. Der Forschungskreis vermittelt in ganz Deutschland geobiologische Berater für Grundstücks- Schlafplatz- ausuntersuchungen. Im Forschungskreis finden das ganze Jahr über Seminare statt. **Jahresprogramm anfordern.** Herausgabe der Fachzeitschrift „Wetter-Boden-Mensch"; ca. 2000 Mitglieder.

Häge Walter, Radiästhet, Radioniker, Sachbuchautor, radionische Programmentwicklung („Psychoradionik") Balancierung, Wolfsburgstr. 34, 67433 Neustadt/W, Tel: 6321 – 48 15 30, Fax: 48 15 31, Internet: www.haege-radionik.de
Seminartermine mit Walter Häge sind im Forschungskreis für Geobiologie, Geschäftsstelle und beim ARGO-Verlag, Tel.: 08349-920 440 zu erfragen.

Hellemann, Silvio, geobiologische Beratung,
Teutonenstr. 42, 53175 Bonn, Tel.: 0179-43 29 50 6 (19-21 Uhr)
Haus-, Büro- und Bauplatzuntersuchungen, Wasser- und Lebensmittelaufbereitung. Pendel- und Rutenseminare, Seminare zur Orgon- und Pyramidenenergie.

Heuser, Reinhard, Diplomingenieur, geobiologischer Berater, „BIO-AKTIV-Produkte für die Landwirtschaft, Rosenweg 11, 76351 Linkenheim, Tel.: 07247 - 94 67 70, Fax: 97 67 71.

Institut für angewandte Re-information, Peter W. Köhne, Claus Gleich, Korai Mizu-Umi Kaminari.
Angewandte Radionik in den Bereichen Coaching, Architektur, Management, Schulung. (Coaching: Analyse und Balancierung bei persönlichen Krisen; Architektur: Messung und Optimierung von Lebensräumen; Management: Analyse und Verbesserung von Unternehmens-Abläufen; Schulung: Radionik-Ausbildung bis zum lizenzierten i-FAR Coach).Steinhälde 75, 74360 Ilsfeld, Tel.:07062– 96 44 1, Fax:96 44 2

König, Wolfram, Diplomingenieur, geobiologischer Berater. Er ist Spezialist für Bauplatz-, Wohnungs- und Hausuntersuchungen. Hohe Straße 1, 69429 Waldbrunn, Tel.: 06274, 64 97, Fax: 51 97.

Rudolf Seibel, Vertrieb und Entwicklung von Radionik-Hard- und Radionik-Software, Oberdorfstr. 78, 67580 Hamm/Worms